Annemarie Schnitt

für dich wenn dir das Lachen vergeht

Fotos Elisabeth Hase

Kiefel Verlag Wuppertal

komm
brich mit mir auf
in ein Neues
des Menschen Schwingen
sind die Träume
des Menschen Zukunft
lauter leere Räume
daß du sie füllst

gestern
habe ich kühn
meine Kraft
dem Frühling
versprochen
einen kargen Boden
aufzukrusten
spatenstichtief
Träume einzusäen
unter der Oberfläche
verhärteter Furchen

es ist gut
barfuß zu gehen
sich fußfest
einzudrücken
in die ziehende Zeit
Sand zu spüren
zwischen den Zehen
Sand zu bewegen
im Wettlauf
mit wütigen Winden

die Angst
nah neben dir
lauf ihr nicht fort
versteck dich nicht
erfasse sie
eh sie dich erfaßt
verwandle sie
eh sie dich verwandelt

entdecke dich
eh dich
die Angst entdeckt

du umsäumst dein Leid
Stich um Stich
mit Fäden aus Licht

Stich um Stich
nadelst du dich ein
in die Dunkelheit

Stich um Stich
umschlingt dein Lächeln
den Schmerz

Stich um Stich
wächst Hoffnung
mitten in Ängsten

Stich um Stich
befreist du dich
aus der Klammer des Nichts

Stich um Stich
stickst du ein Kunstwerk
gegen Zerstörung

nimm Abschied
lange bevor du gehst
gewinne früh
was du verlierst

entdecke Zwischenräume
entdecke Nicht-Räume
entdecke Land
wo Verlorenes blüht

etwas gegen den Wind setzen

etwas Helles gegen die Nacht
etwas Festes gegen den Schwindel
etwas Klingendes gegen die Leere

einen Traum gegen den Tag
eine Insel gegen den Lärm
eine Rose gegen den Winter

ein Tun gegen das Chaos
ein Gedicht gegen die Sprachlosigkeit
Gebete gegen den Stumpfsinn

etwas gegen den Wind setzen

mit dem Blütenstaub
der Freude verschwenderisch
Gärten entzünden

wann wirst du wach
den Tag zu erkennen
mit seinem Anspruch
an dich
an deine Hände
an deinen Kopf
an deine Zärtlichkeit
an deinen Lichtstrom
durch die Schatten
der Welt

wann wächst du
unter dem Angebot
von Licht
über dich hinaus
unter dem Zuspruch
von Wärme
in dich hinein
die Brücke
deiner Vision
zu besteigen

wann wagst du
aufzustehen
das Trauma abzuschütteln
das in den Zweigen
deines Nachtbaums nistet

welchen Aufbruch
hast du im Sinn
wenn du
von Frieden träumst?

ist Vertrauen
dein Verbündeter
und Glaube
die Triebfeder
des Weges
über die Wellen?

denn Traum
ohne Vertrauen
findet das Tor nicht
zur Realität
und Wagnis
ohne Glauben
ist Wahnwitz
auf den Wassern

eine Lichtkette bilden
von Nord nach Süd
von Ost nach West
gegen den Ansturm
der Nacht
Licht fortzüngeln
von Generation zu Generation
zur Zündung von Menschlichkeit

Trauer
widerruft nicht
das Glück

sich anfreunden
mit Tränen
heißt das Land
der Freude
befruchten

weinen lernen
daß du nicht erstickst
an Unverstandenem

lachen lernen
daß dir aus Tränen
Schwingen wachsen

fliegen lernen
daß du Licht wahrnimmst
hinter den Grauzonen

laß mich traurig sein
über den Luftballon
der fortfliegt
über die Seifenblase
die zerspringt
über die Vorsätze
die wie Wasser zerrinnen

laß mich traurig sein
über das Blatt
das fällt
über die Stunde
die versickert
über das Lächeln
das zu Eis gefriert

laß mich traurig sein
über die Fessel
an den Händen
über die Schnur
um den Hals
über die Flügel
die nicht tragen

laß mich traurig sein
über mich
über dich
über uns

gestern
dachte ich
in Rosen

heute
zupf ich die Dornen
aus den Gedanken

noch ist Sommertag
und offen der Himmel
die Luft voller Samen
und süßem Duft
in den Feldern der Mohn
in den Gärten Margeriten
am Steilhang zwischen Moos
mein kleines Gedicht

noch ist Sommertag
und offen der Himmel
es dreht sich der Drachen
lautlos im Wind
der Surfer spannt den Flügel
zum Flug über Fluten
am Spinn-Netz spinnt
mein kleines Gedicht

noch ist Sommertag
und offen der Himmel
es atmet die Erde
ganz arglos in Träumen
was tun – wenn durch Menschenhand
Zerstörung einbricht
schon wachsen Taubenflügel
meinem kleinen Gedicht

nichts erwarten
sich einlassen
auf Ungereimtes
Hintergründe ertasten
mit behutsamer Hand

nichts erwarten
als den Reim
auf Ungereimtes

komm in meinen Garten
Liebster
der schiefe Birnbaum
möcht gestützt werden
wir bauen eine Leiter
mit blühendem Gehänge
daß Trübsinn vergeht
über hellem Lachen

komm in meinen Garten
Liebster
schwächer geworden
die Äste des Flieders
doch du spürst den Duft
der vollen weißen Dolden
der trunkensüßer nie war
in all unsern Jahren

komm in meinen Garten
Liebster
komm in die Nische
zu mir ins Zaubereck
die Baumbank trägt noch
nach so vielen Wintern
in ihren Poren eingeritzt
das Hohelied unserer Liebe

bau dir ein Haus
fest für den Rücken
das dich stärkt
im aufrechten Gang

bau dir ein Haus
tragbar für die Tasche
das dich begleitet
quer durch die Zeit

bau dir ein Haus
verborgen im Herzen
das dich wärmt
im winterlichen Frost

bau dir ein Haus
hell hinter den Gedanken
das dir leuchtet
zu nächtlicher Stunde

zu leben kostet
übermenschliche Kraft
anders läßt sich
nicht tragen
was Leben
zu tragen gibt

zu leben kostet
einen Glauben
anders könnte nie
Licht überleben
das Dunkel

daß Leben nicht Leben bleibt
daß Worte der Liebe verwelken
daß Lieder unwiderruflich verklingen

Tod – du störender Schatten im Licht
Tod – du Trauerrand des Lebens
Tod – deine Spuren spüren
möcht ich nicht vergebens

daß ich das Leben finde
das Leben bringt

daß ich die Liebe lebe
die den Tod durchdringt

daß ich das Lied erhorche
das zu aller Tode Widerruf
ein Engel singt

Gott
das ist die Kraft der Veränderung

Gott
das ist dein Aufbruch über Grenzen
dein neues Verständnis von Frieden
als Frucht der Gerechtigkeit
dein Widerstand gegen Gewalt
deine Vernunft
bei Forschung und Fortschritt
deine Glaubwürdigkeit im Alltag
deine Brüderlichkeit mit der Natur
deine Schwesterlichkeit mit den Schwachen
dein Zeithaben für andere
deine Beständigkeit im Tun
deine Fähigkeit dich zu freuen

Gott
Du bist wie Du bist
Licht ist Dein Kleid
das Du uns alle Morgen neu
um die Schultern legst
Du bist der Wind
in den Segeln unseres Aufbruchs

2. Auflage 1986
Schrift: Souvenir
Reproduktionen: Peter Karau, Bochum
Satz und Druck: Steinbeck-Druck, Sprockhövel
Einband: Verlagsbuchbinderei W. Berenbrock, Wuppertal
ISBN: 3 7811 0361 7